*Uređuje*
**Dragan Lakićević**

*Likovno oblikuje*
**Dobrilo M. Nikolić**

znakovi pored puta

## Đorđe Nešić
# SURO GATI

pesme

Rad | Beograd
| 1990

# DRAMA

> Ne samo parodija već uopšte
> svako umetničko delo, stvara se
> kao paralela i protivteža
> nekakvom obrascu.
>
> Viktor B. Šklovski

# TEMA BR. 1
(tragedija)

uvod:
stojim

zaplet:
koraknuo sam

vrhunac:
sapleo sam se i pao

preokret:
ustao sam ali ponovo sam pao

rasplet:
ostao sam ležeći

# TEMA BR. 2
(komedija)

### 1. čin

GLUMAC: Život je kratak i prljav kao košulja odojčeta.
HOR: Hi!

### 2. čin

GLUMAC: Košulja je prljava i kratka kao život odojčeta.
HOR: He – he!

### 3. čin

GLUMAC: Prljavo odojče je kratko kao život košulje.
HOR: Ha – ha – ha!

### 4. čin

GLUMAC: Kratko odojče je prljavo kao košulja života.
HOR: Ho – ho – ho – ho!

### 5. čin

GLUMAC: Izanđala košulja može da posluži samo još jednom – kao karikatura košulje.
HOR: Hu – hu – hu – hu – uh!

# TEMA BR. 3
(drama u užem smislu)

LICA: Sunce, Oblaci, Ptice, Grmljavina,
    Vetar, Trava ...

I

(Baš kad je Sunce iza brežuljka poslalo svoje zlaćanorumenkaste zrake, u vrtu s moderno podšišanom engleskom Travom, među ružičastim cvetovima Bresaka, optimistički su zacvrkutale Ptice.)

II

(Nenadano, nasmejanu Sunčevu kuglu prekrivaju tmurni olovni Oblaci i Kiša preti da će linuti kao iz kabla.)

III

(Vetar zlokobno fijuče: fiju! fiju! fiju! Sunce se pokušava probiti, ali ni Oblaci nisu naivni. Deca i Kučići dobijaju fras od Grmljavine.)

IV

(Sunce se nekako izbori za svoj status i uspe dostojanstveno da zađe. Sve utihne.)

## TEMA BR. 4
(monodrama)

Toliko toga sam želeo da kažem,
a nisam mogao.

Toliko toga sam mogao da želim,
a nisam kazao.

Toliko toga sam kazao da mogu,
a nisam želeo.

Toliko toga sam kazao da želim,
a nisam mogao.

Toliko toga sam želeo da mogu,
a nisam kazao.

Toliko toga sam mogao da kažem,
a nisam želeo.

# TEMA BR. 5
(farsa)


SCENA: (Goli beli zidovi. Pozornica prazna, slabo osvetljena.)

1. GLUMAC  (Izlazi nag na scenu. Klanja se, silazi sa pozornice, odlazi prema ulazu/izlazu i zaključava vrata.)

2. GLUMAC  (Izlazi na scenu u invalidskim kolicima. Nosi korpu s jajima i kesu s trulim paradajzom.)
Šta je, idioti? Šta buljite? Nosite se svi u materinu! (Baca na publiku jaja i paradajz.) Uaaa! Dole publika!

(U publici nered. Prvi redovi ustaju. Dame vrište. Gospoda čiste odela.)

3. GLUMAC  (Izlazi na scenu s automatskom puškom u rukama. Publici): Ruke uvis! Da se niko nije pomerio!

(U publici panika. Neki dižu ruke uvis. Treći glumac počinje rafalnom paljbom da kosi gledaoce. Opšta vriska. Izlazna vrata odolevaju pritisku.)

1. GLUMAC (Ide prema pozornici i broji mrtve):
Jen, dva, tri...

(Pada plafon)

# POEZIJA

## TEMA BR. 6

(pejzaž)

SASTAV:
    drvo – lišće – ptice
    dimljen – zarđao
    kašljati

    jara – podne – mušice
    ustreptao – prepariran
    lebdeti

    pas – maska – konzerva
    ulubljen
    mokriti

    sunce – zalazak – karijera
    kičerajski
    sijati

KONTRAINDIKACIJE:

    „U travi se žute cvjetovi
    I zuje zlaćane pčele."

DOZIRANJE:

JUTRO  Na dimljenom drvetu
           među zarđalim lišćem
           kašlju ptičice

PODNE        U ustreptaloj jari podneva
             lebde
             preparirane mušice

POPODNE      Pas lutalica
             s gas-maskom na njušci
             mokri na ulubljenu konzervu

VEČE         Sunce sija kičerajski
             na zalasku
             karijere

## TEMA BR. 7
(ljubavna)

Sam sam.
Sama si.
Samo je.

Kroz gustu maglu sećanja,
kroz mutnu prizmu pogleda,
nazirem paramparčad lika tvog:

oči čarne, bele zube,
uho,
grlo,
nos.

## TEMA BR. 8
(himna)

Imali smo jedan plan,
ne baš bistar, ne baš sjajan.

A bez plana, pravog plana,
šta i kako?

Uzeli smo, stoga, čekić,
plan stavili na nakovanj
i po planu neplanski smo
udarati stali.

Vrcale su planske iskre
u dosluhu s gromovima.

Izduljio se plan, istanjio.
Otpalo je „p" sa jednog,
„n" sa drugog kraja.

Ostalo je samo „la".

Zasvirale su nam Eustahijeve trube,
a mi smo zapevali: lalalalalalala!

# TEMA BR. 9
(rodoljubna)

Moja je domovina najljepša na svijetu.
Ona je kao žuti leptir na nekom plavom cvijetu.

U mojoj domovini ljudi su veseli.
Usne su im nasmijane, oči su im nasmijane,
sve im je nasmijano.

U mojoj domovini se žanje žito.
Ono se melje i prosijava kroz sito.
Živio drug Tito!

## TEMA BR. 10
(misaona)

Ispod jedne od bezbroj zvezda,
na jednoj od milijardu planeta,
u jednom od milion sela,
u dvorištu kakvih ima na hiljade,
jedne vetrovite prolećne noći
      stojim sam
     jedan jedini
       mokrim
    gledam u nebo
     i pitam se
       čemu
        sve
        ovo
        ?

# TEMA BR. 11

(uspavanka)

**DEŽURNI OFICIR:**

Spavajte, proizvođači smrdljivih tvorevina.
Zauzmi – ležeći – stav!

Sanjajte gole žene, tvorci polucija.
Udahni – izdahni – udahni!

Spavajte, potajni onanisti.
Hrči – pravilno – jedan – dva!

Sanjajte, gušteri, snujte, stare kuke.
U ponoć – pitam – delove – puške!

— — — — — — — — — — — — — — — —

Spavate,
a neprijatelj rovari, ruje!

Spavate,
a neprijatelj nikad ne spava!

## TEMA BR. 12
(dečja)

### ŠTA JE UČINILO JEDNO DIJETE

Glazbalo što je ležalo
uzelo je u zubalo
i skočilo u dizalo

Dizalo se spuštalo
glazbalo se raspalo
zubalo je zumbalo

SCHU−PAK−FREI−GIOVANNI−BOOGIE−
−WOOGIE

## TEMA BR. 13
(haiku)

Ti misliš da je tri,
on da je četiri,
a već je pola pet!

## TEMA BR. 14
(sonet)

vid
sluh
stid
njuh

gluh
brid
duh
zid

vrt
krt
škrt

rt
hrt
smrt

## TEMA BR. 15
(sonet)

a
be
be
a

ce
de
de
ce

e
e
ef

ge
ge
ef

## TEMA BR. 16
(sonet, vojnički)

jen
dva
tri
četiri

jen
dva
tri
četiri

jen
dva
tri

jen
dva
tri

## TEMA BR. 17
(epitaf)

U početku je ruke samo pružao
da bi nešto dao ili uzeo.

Kasnije su ga naučili
kad i kako se ruka diže.

Prvo je u školi dizao ruku i vikao:
Molim, drugarice, ja!

Potom na sastancima –
uvek je bio ZA.

A jednom mu je bilo svega dosta.
Digao je ruku i rekao:
Svega mi je dosta!

Svi su digli ruke od njega,
a on na sebe.

## TEMA BR. 18
(epigram)

PESNIKOVA RADNA SOBA:

Krevet, sto, stolica i zidna polica.
U fioci jeze – dečija kolica.

U mišjim rupama – mitološka bića.
Pod zasut pepelom, mnoštvom papirića.

Od tenzije rima paučina puca.
Lirski subjekt, pijan, na plafonu – štuca.

TEMA BR. 19
(aforizam)



PESNIČKA SUDBA

Izvrgnut ruglu na uglu,
tražim ugao — okrugao.

## TEMA BR. 20
(brzalica)


Ralo, ralo,
larvu, larvu,
izoralo,
zaoralo.

Izoralo ralo larvu
Larvu ralo zaoralo

Izoralo larvu ralo
Zaoralo ralo larvu

Ralo larvu izoralo
Ralo larvu zaoralo

# TEMA BR. 21
(pesma u prozi)

## PROLEĆE

Čas sunce, čas oblaci nadnose se nad mojim
rodnim selom.
Toplota mami prve pupove na drveću uličnih
drvoreda.
Vratile su se ptice selice.
Pčele zuje, žabe krekeću.
Neopisiva čežnja obuzima dušu čovekovu.

## LETO

Sunce se nadnelo nad mojim rodnim selom.
Uveliko je olistalo drveće uličnih drvoreda.
Odomaćile su se ptice selice.
Pčele zuje, žabe krekeću.
Neopisiva lepota obuzima dušu čovekovu.

## JESEN

Čas oblaci, čas sunce nadnose se nad mojim
rodnim selom.
Žuti i opada lišće s drveća uličnih drvoreda.
Sele se ptice selice.
Pčele zuje, žabe krekeću.
Neopisiva seta obuzima dušu čovekovu.

## ZIMA

Snežni oblaci nadneli su se nad mojim
　　　　　　　　　　　　　rodnim selom.
Načičkalo se inje na drveću uličnih drvoreda.
Pčele ne zuje, žabe ne krekeću.
Kolju se domaće životinje.
Neopisiva glad obuzima dušu čovekovu.

# PROZA

# TEMA BR. 22
(bajka)

VARIJANTE:

a) Car kaže Princu: Možeš se oženiti
   Pastorkom.
   Vuk proguta Maćehu i Kćerku.
   Princ i Pastorka žive dugo i sretno.

b) Car kaže Princu: Ti se oženi Kćerkom,
   a ja ću Maćehom.
   Vuk proguta Pastorku.
   Car, Maćeha i Kći žive dugo i sretno.
   Princ živi nesretno i kratko.

c) Car kaže Princu: Ti se ne možeš ženiti,
   a ja ću se oženiti Maćehom, Kćerkom i
   Pastorkom.
   Vuk proguta Princa.
   Car abdicira u vlastitu korist.

d) Car obznani: Zabranjujem ženidbe i
   udadbe!
   Princ i Pastorka padnu u nesvest.
   Maćeha i Kćerka padnu u depresiju i
   progutaju Vuka.

e) Bili jednom Car, Princ, Maćeha, Kćerka i
Pastorka.
Pre no što su išta preduzeli, Vuk ih je sve
progutao.
Živeo je dugo i sretno.

# TEMA BR. 23
(basna)




Zatekao zec vola u kupusu i stao da ga mlati
                              kao vola u kupusu.
Zašto me mlatiš kao vola u kupusu? zariče vo
                                       u kupusu.
Nisam ja ni bela vrana ni crna ovca.
Pojeo vuk magare, odgovori zec ne trepnuvši.

## NARAVOUČENIJE:

Poznavanje narodnih umotvorina često nam pomaže da se izvučemo i iz najsloženijih životnih situacija.

# TEMA BR. 24
(pripovetka)

U sredu, 27. maja 1987. u 17 sati, profesor Nikolić se, sedeći u ličnoj biblioteci, poslednji put pogledao u ogledalo. Nervozu izazvanu tim pokretom pokušao je da smiri uzevši poslednji put u ruke enigmatski časopis. Trudio se poslednji put da izađe iz lavirinta, ali nije uspeo u nameri „Pomozite dečaku da pronađe put do sladoleda".

Odjednom oseti da se pretvorio u psa. Mahne repom i zaželi da pojuri mačku uz drvo. Zažmuri da bi bolje čuo sopstveni lavež, ali umesto laveža začuje vlastito kukurikanje. To ga toliko iznervira da odluči da se pogleda u ogledalo!

Nikako to nije smeo da učini, jer se već pogledao poslednji put. Ali eno — njegova se ruka, šapa ili kandža (ne vidi se baš najbolje) pruža prema ogledalu...

Pripovetki nikad kraja.

# TEMA BR. 25
(roman)


Uvod .............................. 5
Vreme radnje ...................... 11
Mesto radnje ...................... 17
Opis glavnog lika ................. 33
Opis sporednih likova ............. 48
Glavni lik se zaljubljuje u sporedni lik te
    i ovaj postaje glavni ............. 76
Kratkotrajna sreća ne traje dugo ...... 91
Spletkom negativnih sporednih likova
    glavni muški lik i glavni ženski lik
    bivaju rastavljeni ............... 105
Veštinom pozitivnih sporednih likova
    glavni muški lik i glavni ženski lik
    bivaju sastavljeni ............... 139
Dugotrajna sreća kratko traje ......... 148
Iznenadna i neobjašnjiva smrt glavnih
    likova ........................ 167
Opis pejzaža ...................... 180

## TEMA BR. 26
(vic)

Tridesetih godina ovog veka,
na vlažnoj beogradskoj kaldrmi,
jedne žute jeseni,
sreli se
Ivo Andrić i Miroslav Krleža.

Tihim, unjkavim glasom
upita Ivo Miroslava:
Quo vadis, Krleža?

U dućan, nadmeno odgovori ovaj.
I zaista — ode u dućan.

Ivo Andrić je dugo stajao zabezeknut.

# TEMA BR. 27
(vic)

Šezdesetih godina ovoga veka,
na vlažnom beogradskom asfaltu,
jedne žute jeseni,
sreli se
Ivo Andrić i Miroslav Krleža.

Bučnim, nadmenim glasom
upita Miroslav Ivu:
Quo vadis, Andriću?

U Stokholm, tihim, unjakvim glasom
                                      odgovori ovaj.
I zaista − ode u Stokholm.

Miroslav Krleža se dugo češkao po glavi.

# TEMA BR. 28
(kratka priča)

Jednom se jedno muško dete rodilo, odraslo, školu završilo, vojsku odslužilo, zaposlilo se, oženilo i — umrlo.

# TEMA BR. 29

(romansirana biografija)

Kuglice rose svetlele su duginim bojama na dozrelim plodovima kupina. Senke nežnih ostarelih vrba ležale su spokojno na glatkoj površini vode. A iznad mirne prozirne opne, vodeni konjici su se upinjali da u ljubavnom i samrtnom grču naplate životu i poslednji lepet krilima.

Trinaestogodišnji dečak je, sedeći u čamcu, lovio crvenperke, čiji su srebrni trbusi sevali na ranom rumenom suncu.

A 299 km zapadno, u svojoj kući na brdu, naš Junak se, provevši besanu noć, po ko zna koji put upitao: Pisati ili ne?

Čitaoče, za mnom!
Ovde naša priča tek počinje.

(odlomak)

## TEMA BR. 30

(autobiografija)


1957, 1958, 1959, 1960, 1961,
1962, 1963, 1964, 1965, 1966,
1967, 1968, 1969, 1970, 1971,

1972, 1973, 1974, 1975, 1976,
1977, 1978, 1979, 1980, 1981,
1982, 1983, 1984, 1985, 1986,

1987, 1988, 1989, 1990...

# MEŠOVITE VRSTE

# TEMA BR. 31
(pismo)

Poštovani druže Glavni uredniče,
nisam Vam poslao zbirku pesama, koju sam obećao pre dve godine, jer mi je u međuvremenu sinula sjajna zamisao: da napišem roman — nešto najbolje što sam do sada uradio. To remek-delo će ućutkati sve one kvazikritičare koji zameraju mojoj poeziji da je tanka i zasnovana na jeftinoj dosetki. Sve već imam u glavi, sve. Samo da sednem za mašinu i — asdfjklč!

Roman će govoriti o jednom intelektualcu koji je u sukobu sa svima: s društvom, sredinom, roditeljima, ženskom i samim sobom. Pre dve godine je obećao glavnom uredniku da će mu poslati zbirku pesama, ali mu je u međuvremenu sinula sjajna zamisao — da napiše roman — nešto najbolje što je do sada uradio. To remek-delo će ućutkati sve one kvazikritičare koji zameraju njegovoj poeziji da je tanka i zasnovana na jeftinoj dosetki. Sve već ima u glavi, sve. Samo da sedne za mašinu i — asdfjklč!

Ovde završavam pismo jer mi je u međuvremenu sinula sjajna zamisao. Napisaću jednu crticu. O detaljima ću Vam javiti kasnije.

# TEMA BR. 32
(crtica)

# TEMA BR. 33
(esej)

> Difficile est satiram non scribere.
> Juvenal

Teško je pisati eseje. Teško, ali neophodno. Nije lako ni eseje ne pisati. Ne pisati eseje, znači patiti od kompleksa što ne pišeš eseje. A, s druge strane, o čemu da pišeš i, što je još važnije, KAKO? Inspiracija je nepouzdana zverka, a prisilan rad daje slabe rezultate.
Neki kažu: treba samo razmišljati i povezati misli. Razmišljao sam jednom o jabuci: Adam i Eva, Erida, Paris, Vilhelm Tel, Njutn, Bitlsi, jonatan, delišes, petrovača... Eto, shvatio sam da je jabuka važna voćka u istoriji čovečanstva, ali nisam napisao esej.
Drugi put sam razmišljao o ljubavnom četvorouglu: kao tri žene i ja. Badava.
Nije mi žao što nisam napisao esej. Bar sam došao do konstruktivnog zaključka: nije dovoljno samo razmišljati. Treba TO znati baciti na papir!

## TEMA BR. 34
(parodija)


VASKO POPA

PEPELA

Jedni su pušači drugi cigarete

Svaki pušač zapali svoju cigaretu
I trese sa nje pepeo
Sve dok mu cigareta ne izgori

Pušači se zatim među sobom podele
Jedni budu cigarete
Drugi ostanu pušači

Opet svaki pušač zapali svoju cigaretu
I trese sa nje pepeo
Sve dok mu cigareta ne izgori

Pušač poslednji bude i cigareta i pušač
Sam sebe zapali
Sam se u pepeo strese

# TEMA BR. 35
(putopis)

Veoma je uzbudljivo putovati iz Bijelog Brda u Osijek.
Slučajnog putnika namernika čeka iznenađenje za iznenađenjem. Dole je zemlja, a gore nebo. S leve strane ceste nanizali se platani, a s desne topole. Levo se protežu beskrajna polja kukuruza, a desno se protežu beskrajna polja pšenice. Levim okom možete nazreti u daljini železničku prugu, a desnim ritove oko Drave.

Ništa manje nije uzbudljivo ni putovanje iz Osijeka u Bijelo Brdo.
Levim okom možete nazreti ritove oko Drave, a desnim železničku prugu u daljini. Levo se protežu beskrajna polja pšenice, a desno se protežu beskrajna polja kukuruza. S leve strane ceste nanizale se topole, a s desne platani. Gore je nebo, a dole zemlja. Slučajnog putnika namernika čeka iznenađenje za iznenađenjem.

## TEMA BR. 36
(western)

Ha
reče Spade
okrenuvši se na stolcu

Konačno si dolijao
ti
zvijeri

Te izvuče pohranjeni revolver
i sasu vruće olovo
u tijelo Fergusonovo

Ovoga obli pjena
te
slina*

---
\* Prema priči A. Lj. (Beograd, Trnska 15, 1979)

# TEMA BR. 37
(dnevnik)

12. januar 1986.

Hteo sam pre nekoliko dana da napišem pesmu, društveno angažovanu, satiričnu. Naslov sam odmah znao – Kreatori kreatura. Svideo mi se zbog igre rečima, a ima i neko dublje značenje s političkim asocijacijama. Imao sam i završetak:

>Kreteni se kreću.
>Idioti idu.

Svideo mi se zbog igre rečima, a ima i neko dublje značenje s političkim asocijacijama.

Nedostajali su mi još početak i sredina. Početka bih se još i dokopao. Ispušio bih nekoliko kutija cigareta (od nervoze), ispio pepeljaru i sažvakao čaršav (od nervoze) i započeo:

>U ovo današnje vreme ...

ili tako nekako, ali sredinu nikako da uhvatim. Počeo sam besciljno da lutam po sobi (od nervoze), izgrizao nokte i popeo se sebi na glavu (pomoću stolice).

Nije išlo.

Pokušao sam da se utešim poznatom narodnom poslovicom „Jutro je pametnije od večeri", ali sam odmah skočio sebi u usta (pomoću stolice) narodnom poslovicom „Što moraš danas, ne ostavljaj za sutra".

Pokušao sam da istresem iz rukava.

Nije išlo.

Bio sam prinuđen da (pomoću stolice) pljunem sebi u lice istinu: Ti nisi sposoban da napišeš pesmu s naslovom Kreatori kreatura sa završetkom:

> Kreteni se kreću.
> Idioti idu.

iako su ti se naslov i završetak svideli zbog igre rečima, a imaju i neko dublje značenje s političkim asocijacijama!

Pih!

## TEMA BR. 38
(vest)


Juče su Tutsi napali Hutue.
Hutui su pobegli i napali Tutse.
Tutsi su ponovo napali Hutue i pobegli,
ali su ih Hutui sustigli, napali i pobegli.
Međutim, Tutsi su ih ponovo sustigli,
napali i pobegli,
ali su ih tada Hutui ...*

---
* Prema Radio Ruandi, 22. XI 1988.

# TEMA BR. 39
(radio-prenos)




Sve se odvija po uputama Trenera.
Sve, dakle, ide kao po loju:

Golman, suvereni gospodar svog kaznenog
prostora,
dugo gleda raspored svojih igrača i degažira
loptu.

Ofanzivni bekovski par se ubacuje u napad.
Oni jurišaju kao osice po krilnim pozicijama.

Centarhalfovi su neprelazni bedem pred
svojim golom.
Dobijaju sve vazdušne bitke.

Half je marljiv kao krtica. Šutira kao iz topa.
Nalazi se uvek na svakom delu terena.

Polutke izvrsno barataju loptom.
Dobri tehničari, oni caruju između
dva šesnaesterca.

Dva isturena napadača su brzi i opasni.
Jedan od njih uvek izvodi slobodne udarce,
tačnije neku vrstu skraćenih kornera.
Drugi nikada ne naseda na ofsajd zamke.

Ali, lopta je okrugla,
sportska sreća varljiva je!

# TEMA BR. 40
(intervju)

Šta za Vas znači pisati?

Pisati za mene znači suočavati se s prokletom belinom papira koja ti pije mozak, krv ti pije i živce ti pije. Pisati znači osmišljavati besmislenost ništavila koja se nadvija već nad dečjom glavom promoljenom iz majčine utrobe i kezi se nad svakim grobom. Pisati znači pevati ispod ravnodušnog neba, na tvrdoj zemlji, a eha nema, odjeka nema, ničeg nema...

Koja Vam je pesma najdraža?

Vidite, pesme su kao deca. Volite ih, negujete, odgajate, a one porastu i napuste vas. Vi samujete u samoći, ali ne podležete sentimentalnosti. Pravite drugu decu iako ste čovek u godinama.

Međutim, ukazao bih na jedan bitan problem. U Vukovo doba se znalo: muške pesme — muška deca, ženske pesme — ženska deca. Danas je prava zbrka: mrtvorođenčad, nedonoščad, hermafroditi... Užas jedan, znate.

Šta mislite o mladim piscima?

Čujte, i u umetnosti mora biti reda. Zna se, valjda, ko je stariji. Mladi pisci to, sigurno, nisu.

## TEMA BR. 41
(govor)

Nedostaje nam napor subjektivnih snaga,
a objektivne okolnosti ne idu nam naruku.
Mi trebamo, mi hoćemo,
mi nećemo
dozvoliti...

Pojedinci se odnose krajnje individualno,
a grupe rođaka grupnosvojinski.
Mi trebamo, mi hoćemo,
mi nećemo
dozvoliti...

Situacija je složena, pitanja su goruća.
Zauzećemo stav, nazvati stvari pravim
                                        imenom.
Mi trebamo, mi hoćemo,
mi nećemo
dozvoliti...

Reći ćemo bobu — Vicia faba, a popu —
                                        sveštenik!
Premda, makar, iako, maltene u globalu.
Mi trebamo, mi hoćemo,
mi nećemo
dozvoliti...

## TEMA BR. 42

(memoari)

Sećam se kao juče da je bilo.
Krenemo mi, tako, juče oko šest, u lov.
Zveckamo oružjem i gazimo čizmama, a psi
                              laju li laju.
Prhne prepelica, protrči fazan, šušne zec.
Mi – ni da trepnemo: visoku divljač vrebamo.
– – – – – – – – – – – – – – – – – – –
Krikne čaplja, krekne žaba, a sova huče li
                                        huče.
Drugovi Crni, Crveni i Plavi stigli pravo iz
                              kafane pa malo šenluče.
Drug Zeleni bere pečurke, a drugovi Žuti i
Beli tamane rogate kapitalce kao zečeve.
Samo ja, izdvojen, sedim na trulom vrbovom
panju, s glavom među šakama i pitam se:
Bože, šta li će sutra biti?

(fragmenti)

# BELEŠKE
# LIRSKOG SUBJEKTA

## KO SAM?

Nepopravljivo sam sentimentalan
prema tužnim noćima usamljenika
(nikotin, kafa, alkohol)

Izuzetno sam nostalgičan
prema detinjstvu provedenom na selu
(konji, prašina, stajsko đubre)

Neoprostivo sam senzibilan
prema svestrano obdarenim ženama
(sisa, noga, guz)

Kad sam bio mali
imao sam traumu iz detinjstva
jer mi tata nije kupio bicikl

## ODAKLE SAM DOŠAO?

Iz zemljice nedođije,
Iz zemljice bestragije,
Iz zemljice tavne.

S anđelčićem ponad glave,
S đavolčićem na plećima,
Iz zemljice tavne.

Jedan kružić učiniti,
Pa se opet povratiti
U zemljicu tavnu.

A jednom (baš sam stigao iz Bijelog Brda)
su me upitali: Odakle si došao?
Iz Bijelog Brda, lakonski sam odgovorio.

Teško je napisati dobru pjesmu.

## ZAŠTO SAM OVDJE?

Dugo sam stajao ovdje.
Stajao. Stajao. Stajao.
Sve dok nisam pomislio:
Zašto stojim baš ovdje?

I pomjerio sam se.

Išao sam ovuda – ovamo,
tuda – tamo i
onuda – onamo,
sve dok nisam došao ondje.

Ali, čim sam stigao,
ondje je već postalo ovdje!

Sve je manje pametnih ljudi na svijetu.

## IMA LI ŽIVOT SMISLA?

Obožavam cvrkut vrabaca na selu
u rana jesenja jutra.

Baba plete čarape.
Djeda puni lulu.

Iz tiganja mast se puši,
u tiganju cvrče cvrčci.

A ja razmišljam o smislu života:
ima – nema, ima – nema,
ima – nema, ima – nema...

Sve što je domaće, nije mi strano.

# BELEŠKA O PISCU

ĐORĐE NEŠIĆ je rođen 1957. u Bijelom Brdu kod Osijeka.
Diplomirao na Filološkom fakultetu u Beogradu.
Dobitnik je Brankove nagrade za knjigu *Crv sumnje u jabuci razdora* („RAD", Beograd, 1985).
Radi kao bibliotekar u Dalju.
Živi (nesportski) u Bijelom Brdu i Osijeku.

# SADRŽAJ

## DRAMA

Tema br. 1 (tragedija)  7
Tema br. 2 (komedija)  8
Tema br. 3 (drama u užem smislu)  9
Tema br. 4 (monodrama)  10
Tema br. 5 (farsa)  11

## POEZIJA

Tema br. 6 (pejzaž)  15
Tema br. 7 (ljubavna)  17
Tema br. 8 (himna)  18
Tema br. 9 (rodoljubna)  19
Tema br. 10 (misaona)  20
Tema br. 11 (uspavanka)  21
Tema br. 12 (dečja)  22
Tema br. 13 (haiku)  23
Tema br. 14 (sonet)  24
Tema br. 15 (sonet)  25
Tema br. 16 (sonet, vojnički)  26
Tema br. 17 (epitaf)  27
Tema br. 18 (epigram)  28
Tema br. 19 (aforizam)  29
Tema br. 20 (brzalica)  30
Tema br. 21 (pesma u prozi)  31

## PROZA

Tema br. 22 (bajka)  35
Tema br. 23 (basna)  37
Tema br. 24 (pripovetka)  38
Tema br. 25 (roman)  39

Tema br. 26 (vic)   40
Tema br. 27 (vic)   41
Tema br. 28 (kratka priča)   42
Tema br. 29 (romansirana biografija)   43
Tema br. 30 (autobiografija)   44

MEŠOVITE VRSTE

Tema br. 31 (pismo)   47
Tema br. 32 (crtica)   48
Tema br. 33 (esej)   49
Tema br. 34 (parodija)   50
Tema br. 35 (putopis)   51
Tema br. 36 (western)   52
Tema br. 37 (dnevnik)   53
Tema br. 38 (vest)   55
Tema br. 39 (radio-prenos)   56
Tema br. 40 (intervju)   57
Tema br. 41 (govor)   58
Tema br. 42 (memoari)   59

BELEŠKE LIRSKOG SUBJEKTA

Ko sam?   63
Odakle sam došao?   64
Zašto sam ovdje?   65
Ima li život smisla?   66

BELEŠKA O PISCU   69

Izdavačko preduzeće
„RAD"
Beograd, Moše Pijade 12

\*

Za izdavača
Milovan Vlahović

\*

Recenzent
Dragan Lakićević

\*

Lektor
Bojana Strunjaš

\*

Tehnički urednik
Đuro Crnomarković

\*

Korektor
Jelica Lazić

\*

Grafička obrada teksta
Vesna Živković

\*

Štampano
u 1.000 primeraka

\*

Štampa
ČGP „DELO"
Ljubljana, Titova 35

CIP – Каталогизација у публикацији
Народна библиотека Србије, Београд

886.1/.2–1

НЕШИЋ, Ђорђе

Surogati : pesme / Đorđe Nešić. – Beograd : Rad, 1990 (Ljubljana : ČGP Delo). – 69 str. : slika autora ; 20 cm. – (Znakovi pored puta)

Tiraž 1000. – Beleška o piscu: str. 69.

ISBN 86-09-00276-4

ISBN 86-09-00276-4

www.ingramcontent.com/pod-product-compliance
Lightning Source LLC
Chambersburg PA
CBHW071743040426
42446CB00012B/2452